KB204255

신심명·증도가

大海 譯

Gran sabiduria

차 례

신 심 명 · 증 도 가

신 심 명
信 心 銘

신 심 명

승찬대사 지음(僧璨大師)
대해스님 번역(大海飜譯)

1. 도道에 이르는 것은 어렵지 않나니
   오직 간택揀擇함을 싫어할 뿐이로다.

   다만 미워하고 사랑하지 않으면
   통연洞然히 명백明白하리라.

신심명

2. 털끝만치라도 차이가 있으면
   하늘과 땅만큼 사이가 벌어지나니

   현전現前에서 얻고자 한다면
   따름과 거스름이
   있지 않아야 하느니라.

3. 어김과 따름이 서로 다투면
   이것이 마음의 병이 되나니

   현묘한 뜻을 알지 못하고
   도로徒勞
   생각만을 고요하게 하려는구나.

4. 둥글기는 태허太虛와 같아서
   모자람도 없고 남음도 없건만

   진실로,
   취하고 버림으로 말미암아서
   소이所以 같지 못하는구나.

5. 유연有緣도 쫓지 말고
   공인空忍에도 머물지 말지니

   일종一種을 평등하게 품으면
   자취 없이 스스로 다함이라.

6. 움직임을 그쳐 그침으로 돌아가면
   그침이 다시 더욱 움직임이 되나니

   오직
   양변에 막혀 있으니
   어찌 일종一種을 알겠는가!

7. 일종一種을 통하지 않으면
   양쪽이 다 공功을 잃으니

   있음을 보내면 있음에 빠지고
   공空을 쫓으면
   공空을 등지게 되느니라.

8. 말이 많고 생각이 많으면
   더욱 서로 응하지 못하고

   말이 끊어지고 생각이 끊어지면
   통하지 않는 곳이 없음이라.

9. 근본으로 돌아가면
   뜻을 얻고
   비춤을 따르면 종宗을 잃으니

   잠깐 돌이켜 비추면
   도리어 앞의 공空보다 나음이라.

10. 앞의 공空이 전변轉變함은
    모두 망령된 견해로 말미암음이니

    참됨을 구하려 애쓰지 말고
    오직 모름지기
    견해만을 쉴지니라.

11. 두 가지 견해에 머무르지 말고
    삼가
    쫓아서 찾지 말지니

    잠깐이라도
    시비是非가 있으면
    어지러이 마음을 잃게 되리라.

12. 둘은 하나로 말미암아 있으니
    하나 또한 지키지 말라.

    일심一心이 생生하지 않으면
    만법이 허물이 없느니라.

    허물이 없으면 법이 없고,
    생生이 없으면 마음도 없느니라.

13. 능能은 경境을 따라 멸하고
    경境은 능能을 쫓아 잠기나니

    경境은 능能으로 말미암은 경境이요
    능能은 경境으로 말미암은 능能이라.

14. 양단兩段을 알고자 한다면
원래 일공一空이로다.

일공一空은 양단兩段과 하나여서
만상萬像을 함께 머금어

세밀하고 거칠음을 보지 못하나니
어찌 편당偏黨이 있으리오.

15. 대도大道는 체體가 넓어서
쉬움도 없고 어려움도 없건만

좁은 견해로 여우같은 의심을 내어
급하게 할수록 더욱 더디어지도다.

16. 집착을 하면 도度를 잃어서
    마음은, 삿된 길로 들어가고

    놓으면 스스로 그러하듯이
    본체는, 가고 머무름이 없느니라.

17. 성품에 맡겨 도道에 합하여지면
    소요逍遙하여 번뇌가 끊어지고

    생각에 얽매여 참됨이 어그러지면
    혼침하여 좋지 않느니라.

    좋지 않아 신神을 수고롭게 하나니
    어찌 성기고 친함을 쓰겠는가.

18. 일승一乘으로 나아가고자 한다면
    육진六塵을 미워하지 말지니라.

    육진을 미워하지 않으면
    도리어 정각正覺과 같음이로다.

19. 지혜로운 자는 함이 없건만
    어리석은 사람이 스스로 묶이는구나.

20. 법은 두 법이 없건만
    망령되이 스스로 애착하여

    마음을 가지고 마음을 쓰려하나니
    어찌 크게 그릇되지 않으리오.

21. 미혹하면,
    고요함과 어지러움이 생기고
    깨달으면,
    좋아함과 싫어함이 없나니

    일체의 양변은
    망령되이 스스로 짐작함이로다.

22. 꿈같은 환상과 공화空華를
    어찌 잡으려 애쓰는가?

    얻고 잃음과 옳고 그름을
    일시에 놓아버려라.

23. 눈에 만약 졸음이 없으면
    모든 꿈은 스스로 없어짐이요.

    마음에 만약 다름異이 없으면
    만법이 일여一如함이라.

24. 일여의 본체는 현묘하여
    홀연히 인연을 잊어

    만법이 같게 관觀하면
    스스로 그러함으로 귀복歸復하리다.

    그 까닭이 없는 것은
    가히 견줄 방소가 없기 때문이니라.

25. 그치면서 움직이니 움직임이 없고
    움직이면서 그치니 그침이 없도다.

    양자兩者를 이미 이룰 수 없나니
    하나인들 어찌 있을 것인가.

26. 구경 궁극에는
    궤칙軌則이 존재하지 않음이요.

    마음에 계합되어 평등하면
    지은 바가 함께 쉬도다.

27. 여우같은 의심이 깨끗이 다하면
    바른 믿음이 조화롭고 곧음이요.

    일체에 머물지 않으면
    가히 기억記憶할 것도 없도다.

28. 허명虛明이 스스로 비춤이니
    심력心力으로 애쓸 일이 아니요.

    생각으로 헤아릴 곳이 아니니
    식정識情으로는 측량하기 어려움이라.

29. 진여의 법계에는
    남他도 없고 나自도 없으니

    요급要急히 상응相應하고자 한다면
    오직 둘이 아님을 말할 뿐이니라.

30. 둘이 아니어서 모두 같으면
    포용包容하지 않음이 없나니

    시방의 지혜로운 자가
    모두 이 종宗에 들어왔음이라.

31. 종宗은 짧고 긴 것이 아니니
    한 생각이 만년이요
    만년이 한 생각이라.

    있음과 있지 않음이 없으니
    시방十方이 눈앞이니라.

32. 극소極小는 대大와 같아
    경계가 끊어지고

    극대極大는 소小와 같아
    끝과 겉을 볼 수 없음이라.

33. 유有가 곧 무無요
무無가 곧 유有이니

만약 이와 같지 않다면
반드시 모름지기 지키지 말지니라.

34. 하나가 곧 일체요
일체가 곧 하나라.

다만 능히 이와 같다면
어찌 마치지 못할까 염려하리오.

35. 신심信心은 둘이 아니요,
    둘이 아님이 신심信心이라.

    언어의 길이 끊어지면
    과거 현재 미래도 없도다.

                              신심명 終

불이 도道는

털끝만치라도 차이가 있으면
하늘과 땅만큼
사이가 벌어지느니라

-신심명-

증도가
證道歌

증 도 가

영가현각 지음(永嘉玄覺)
대해스님 번역(大海翻譯)

1. 그대는 보지 않았는가?

2. 배움이 끊어진
   무위無爲의 한가한 도인은
   망상도 없애지 않고
   참眞도 구하지 않느니라.

3. 무명의 참 성품이 곧 불성이요.
   환화공신幻化空身이 곧 법신法身이로다.

4. 법신을 깨달아 한 물건도 없으니
   본래의 근원
   자성이 천진불天眞佛이라.

5. 오음五陰의 뜬 구름이
   공空하게 가고 오며
   삼독三毒의 물거품이
   허망하게 출몰하네.

6. 실상을 증득하여
   인人도 없고 법法도 없으니
   찰나에 아비지옥의 업을
   멸각滅却하리라.

7. 만약에
   거짓말로 중생을 속이고자 한다면
   진사겁塵沙劫토록
   발설拔舌지옥을 스스로 부르리라.

8. 단박에
   여래선如來禪을 깨우치니
   육도만행六度萬行이
   본체 중에 둥글도다.

중도가

9. 꿈속에선
   명명明明히 육취六趣가 있더니
   깨친 후엔
   공공空空히 대천세계도 없도다.

10. 죄도 없고 복도 없고
    손해와 이익도 없으니
    적멸寂滅한 성품 중에
    묻고 찾지 마라.

11. 비래比來에 때 낀 거울을
    아직 일찍이 닦지 않음이러니
    금일에 분명히 모름지기 깨트려
    부숴버리도다.

12. 누가 무념無念이고,
    누가 무생無生인가.
    만약에 진실로 남生이 없으면,
    남生이 없는 것도 없음이니.

13. 기관목인機關木人을 불러서
    붙들고 물어보라.
    부처를 구하여 공功을 베풀면
    조만간 이루어지겠는가를.

14. 사대四大를 놓아
    파착把捉하지 말고
    적멸한 성품 중에
    마시고 먹을지어다.

증도가

33

15. 제행諸行이 무상無常하여
    일체 공空하니
    곧 이것이
    여래의 대원각大圓覺이로다.

16. 결정적인 말씀과
    진승眞僧을 나타냄에
    어떤 사람은 긍정하지 않고
    정징情徵에 맡기나니

17. 직각적으로 끊어진 근원이
    바로 부처님께서 인가한 바요.
    잎을 따고 가지를 찾음은
    나에게는 불가능한 일이로다.

18. 마니주를
    사람들은 알지 못하니
    여래장如來藏 속에
    몸소 거두어 얻음이라.

19. 여섯 가지 신통묘용은
    공空하면서 공空하지 않음이요.
    일과一顆의 원광圓光은
    색色이면서 색色이 아님이로다.

20. 오안五眼이 청정하고
    오력五力을 얻음은
    오직 증득해야만 이에 알지
    가히 측량하기가 어려움이라.

21. 거울 속에 보이는 형상을
    보기는 어렵지 않으나,
    물속의 잡힌 달을
    어떻게 집어 얻을 것인가.

22. 항상 홀로 다니고
    홀로 걷나니
    통달한 자
    열반의 길에 함께 노닐도다.

23. 곡조는 예스럽고 신神은 맑고
    가풍은 스스로 높고
    형상은 초췌하고 뼈만 강하여
    사람들이 돌아보지 않는구나.

24. 궁색한 부처님의 제자는
    입으로는 가난하다고 말하나
    실은 몸은 가난해도
    도道는 가난하지 않음이라.

25. 가난한 즉,
    몸에 항상 누더기를 걸치고
    도道인 즉,
    마음에 무가진無價珍을 감춤이로다.

26. 무가진無價珍은
    써도 다함이 없음이니
    만물을 이롭게 하고,
    때機에 응함에
    마침내 인색하지 않음이라.

27. 삼신사지三身四智는
    본체 중에 둥글고,
    팔해탈 육신통은
    마음 땅의 인印이로다.

28. 상근기는 일결一決에
    일체一切를 완료하고
    중하근기는 많이 들을수록
    더욱 불신不信함이라.

29. 다만 스스로 품는 중에
    때 묻은 옷을 벗겨낼 뿐
    누가 능히 밖을 향하여
    정진을 자랑할 것인가.

30. 남의 비방에 따르고,
    남의 그릇됨을 맡겨두라.
    불을 잡아 하늘을 사르려 하나
    헛되이 스스로만 피로할 뿐이로다.

31. 내가 들으니,
    흡사恰似 감로수를 마심과 같아서
    녹아서 단박에
    부사의不思議에 들어가도다.

32. 나쁜 말을 관찰하는
    이것이 바로 공덕이니
    이것이 곧 내가
    선지식善知識을 이루게 함이라.

33. 흉보고 비방으로 인하여
    친하고 원망하는
    마음이 일어나지 않으면
    생生이 없는 자인력慈忍力을
    어디에 나타낼 것인가.

34. 종宗도 통하고 설법說法도 통함이여
    정혜定慧가 둥글게 밝아
    공空에 빠지지 않음이로다.

35. 다만 나만이 이제 홀로
    통달해서 마친 것이 아니요.
    항하의 모래수와 같은
    모든 부처님들의 본체가
    모두가 같도다.

36. 사자후師子吼와 같은
    두려움 없는 설법이여!
    백가지 짐승들이 듣고
    모두 뇌가 찢어지고

37. 향상香象은
    세찬 물결에 위엄을 잃고 물러나고
    천신과 용은
    고요하게 듣고 기뻐하도다.

38. 강과 바다를 떠돌고
    산천을 두루 다니면서
    스승 찾아 도道를 구하며
    참선을 하다가

증도가

41

39. 조계曹谿의 길에서
    인가를 얻고부터는
    생사生死가
    상관相關이 없다는 것을
    깨달아 알았도다.

40. 행行하여도 참선이요,
    앉아도 참선이니
    어묵동정語黙動靜에
    본체는 안연安然하도다.

41. 설령 창과 칼을 만난다 하더라도,
    항상 탄탄坦坦하고
    가령 독약을 마신다 해도,
    한한閒閒하도다.

42. 우리 스승 부처님은
    연등불然燈佛을 친견하고
    다겁생에 일찍이
    인욕선인忍辱仙人이 되었도다.

43. 몇 번을 태어나고 몇 번을 죽었던가
    생사가 유유悠悠하여,
    정지定止가 없도다.

44. 단박에 깨쳐
    남生이 없음을 알고부터는
    모든 영욕榮辱에
    어찌 근심하고 기뻐하랴.

45. 깊은 산에 들어가
   란야蘭若에 머무니
   높은 산 그윽하고 깊어
   장송長松 아래로다.

46. 우유優游히 야승野僧의 움막에
   고요히 앉아
   격적闃寂하게 한가로이 거居하니
   참으로 소쇄蕭灑하도다.

47. 깨친 즉, 완료되어
   공功을 베풀지 않나니
   일체 유위법有爲法과 같지 않도다.

48. 상相에 머무는 보시는
    하늘에 태어나는 복은 되나
    마치 허공을 우러러
    화살을 쏘는 것과 같아서

49. 세력勢力이 다하면
    화살은 다시 떨어지나니
    내생來生에는
    여의如意치 않음을 부르리라.

50. 어찌 무위無爲의 실상문實相門에
    한 번 뛰어넘어
    여래의 경지如來地에
    직입直入함만 같으리오.

중도가

45

51. 다만 근본을 얻을 뿐
    끝은 근심하지 말지니
    마치 깨끗한 유리가
    보배 달을 머금음과 같도다.

52. 내가 이제 이 여의주를 풀었으니
    자기를 이롭게 하고
    남을 이롭게 하여
    마침내 다함이 없도다.

53. 강에는 달이 비추고,
    소나무엔 바람이 부니
    영원한 밤 맑은 하늘에
    어찌 함이 있을 것인가.

54. 불성계佛性戒의 구슬은
심지心地의 인印이요.
안개, 이슬, 구름, 노을은
본체 위의 옷이로다.

55. 용龍을 항복받은 발우와
범의 (싸움을) 화해시킨 석장이여,
양쪽 고리에 달린 금환金環은
역력하게 울리도다.

56. 이러한 표형標形은
허사로 지님이 아니라
여래의 보배주장자의
친종적親蹤跡이로다.

57. 참됨도 구하지 말고
    망령됨도 끊지 않나니
    두 법이 공하여
    상相이 없음을 분명히 알았도다.

58. 상相도 아니고 공空도 아니고
    공空이 아님도 아님이여
    곧 이것이
    여래의 진실한 모습이로다.

59. 마음의 거울 밝아서
    비춤에 걸림이 없으니
    확연廓然하고 영철瑩徹하여
    항하사 세계에 두루 하도다.

60. 삼라만상의 그림자가 현중現中이요.
일과一顆의 둥근 광명圓光은
안팎이 없도다.

61. 활달하게 공空하다고 하여
인과因果가 없다고 한다면
망망탕탕莽莽蕩蕩
앙화殃禍를 부르게 되리라.

62. 있음을 버리고 공空에 집착하면
병이 역연亦然하니
마치 물에 빠지는 것을 피하다가
불에 던져짐과 같도다.

63. 망심妄心을 버리고 진리를 취함이여
취하고 버리는 마음
교묘한 거짓을 이룸이로다.

64. 배우는 사람이
알지 못하고 수행을 하니
깊이 도적을 인정하여
장차 아들로 삼아 이루고자 함이로다.

65. 법法의 재물을 덜고
공덕功德을 멸滅함은
이 심의식心意識을
말미암지 않음이 없음이라.

66. 이로써 선문禪門엔 마음을 물리치고
    남生이 없는 지견의 힘에
    단박에 들어가도다.

67. 대장부가 지혜의 검劍을 잡으니
    반야의 칼날이요
    금강의 불꽃이로다.

68. 다만
    외도의 마음만 꺾을 뿐만 아니라
    일찍이 천마天魔의 담膽을
    떨어뜨려 물리쳤음이로다.

69. 법의 천둥 떨어지고
    법고法鼓를 침이여,
    자비의 구름을 펼치고
    감로수를 뿌림이로다.

70. 용상龍象이 차고 밟음에
    윤택함이 끝이 없으니
    삼승三乘 오성五性이 모두 깨치도다.

71. 설산의 비니초肥膩草는
    다시 잡됨이 없음이라.
    순수하게 제호醍醐를 내니
    내가 항상 받아들이도다.

72. 한 성품이 둥글어서
    일체 성품과 통하고
    한 법이 두루하여
    일체 법을 머금나니

73. 하나의 달月이
    일체의 물에 두루 나타나고
    일체의 물에 나타난 달을
    하나의 달이 포섭하도다.

74. 모든 부처님 법신法身이
    나의 성품에 들어오고
    나의 성품이
    함께 여래와 합하도다.

75. 일지一地에 일체지一切地가 구족하니
색色도 아니고 마음도 아니고
행업行業도 아님이로다.

76. 손가락 튕김에
팔만법문 원만히 이루고
찰나에 삼아승지겁을
멸각滅却하도다.

77. 일체의 수구數句와
수구數句 아님이여,
나의 영험한 깨침과
무슨 교섭交涉이 있는가

78. 가히 훼毁도 없고
    가히 찬讚도 없음이여,
    본체가 허공과 같아
    애안涯岸이 없도다.

79. 당처를 떠나지 않고
    항상 담연하니
    찾은 즉 알지만
    그대는 가히 볼 수가 없음이로다.

80. 취함도 얻을 수 없고
    버림도 얻을 수 없으니
    가히 얻을 수 없는 중에
    다만 얻을 뿐이로다.

81. 말없을 때 말하고
    말할 때 말없고
    크게 베푸는 문을 여니
    옹색壅塞함이 없도다.

82. 어떤 사람이 있어 나에게
    무슨 종宗을 아느냐고 물으면
    마하반야의 힘이라고 보도하리라.

83. 혹은 옳고 혹은 그릇됨을
    사람은 알지 못함이요.
    역행과 순행을
    하늘도 헤아리지 못하도다.

84. 나는 일찍이
    다겁이 지나도록 수행했으니
    이와 같은 것은
    한가로이 서로 속여
    미혹케 함이 아니로다.

85. 법의 깃발을 세우고
    종지宗旨를 세움이여,
    명명明明한 불칙佛勅이
    조계曹溪 이것이로다.

86. 첫 번째로 가섭이
    먼저 등불을 전해 받으니
    28대는 서천의 기록이로다.

증도가

87. 법이 동쪽으로 흘러
    이 땅에 들어와서는
    보리달마가 초조初祖가 되었도다.

88. 육대六代로 옷을 전한 것은
    천하가 들었음이라.
    뒤 사람이 도道를 얻음을
    어찌 수數로 다하리오.

89. 참됨도 서지 못하고
    망령됨도 본래 공空하여
    있음과 없음 함께 보내니
    공空하지도 않고 공空함이라.

90. 이십공문二十空門에
    본래 집착하지 않으니
    한 성품 여래의 본체가
    스스로 같도다.

91. 마음은 뿌리요, 법은 티끌이니
    두 종種이 오히려
    거울 위의 흔적과 같도다.

92. 흔적의 때 다 제除하면
    빛이 비로소 나타남이요.
    마음과 법 함께 없어지면
    성품이 곧 참眞이로다.

중도가

93. 말법을 탄식하고
　　시세時世를 싫어하노니
　　중생이 복이 엷어
　　조복·제도가 어렵도다.

94. 성인이 가신지 오래고
　　사견邪見이 깊어짐이여
　　마魔는 강하고 법은 약하여
　　두려움과 해로움이 많도다.

95. 여래의 돈교문頓敎門을
　　설함을 듣고서도
　　부수어서 멸제滅除하지 못함을
　　한탄함이로다.

96. 지음作은 마음에 있으나,
    재앙은 몸에 있으니
    모름지기 다시 더욱
    사람을 원망하고
    하소연하지 말지어다.

97. 무간지옥의 업을 부르지 않으려거든
    여래의 바른 법륜을
    비방하지 말지어다.

98. 전단향나무 숲에는
    잡나무가 없으니
    울창하고 깊어 사자가 머무는도다.

99. 경계가 고요하고
    숲이 한적하여 홀로 노니니
    길짐승과 나는 새가
    모두 멀리 가도다.

100. 사자새끼들이 뒤에 따름이여,
     세살에 문득
     능히 크게 표효하도다.

101. 만약에 여우가
     법왕을 쫓으려 한다면
     백년 요괴妖怪가
     헛되이 입만 여는 일이로다.

102. 원돈교는 인정人情이 없으니
     의심이 있어 결정치 못하면
     곧바로 모름지기 다툴지어다.

103. 산승이
     인아상人我相을 드러냄이 아님이요.
     수행하다 단견斷見과 상견常見의
     구덩이에 떨어질까봐
     두려워함이로다.

104. 그름과 그르지 않음과
     옳음과 옳지 않음이여
     털끝만큼만 어긋나도
     천리를 잃음이로다.

중도가

105. 옳은 즉 용녀龍女가
     단박에 부처를 이룸이요.
     그른 즉 선성善星 비구比丘가
     산채로 지옥에 떨어지도다.

106. 나는 어려서부터 학문을 쌓아
     또한 일찍이 소疏를 토론하고
     경론經論을 살폈도다.

107. 이름과 모양을 분별함을
     쉴 줄을 모르고
     바다에 들어가 모래를 헤아리듯
     헛되이 스스로 곤困하였도다.

108. 도리어 여래의
     호된 꾸지람을 입으니
     남의 보배 세어서
     무슨 이익이 있으리오.

109. 종래로 잘못 길을 디뎌 길을 잃고
     헛된 수행하였음을 깨달으니
     여러 해를 그릇되이
     풍진객風塵客 노릇 하였도다.

110. 성품에 삿됨을 심어
     지해知解의 그릇됨이여
     여래의 원돈제圓頓制를
     통달하지 못함이로다.

111. 이승二乘은 정진하나
　　　도심道心이 없고
　　　외도外道는 총명하나
　　　지혜가 없음이라.

112. 또한 어리석고 또 어리석으니
　　　빈주먹 손가락 위에
　　　실다운 견해를 내도다.

113. 손가락을 달로 집착하여
　　　잘못 공功을 베푸니
　　　근根· 경境· 법法 가운데에서
　　　헛되이 날괴捏怪짓을
　　　하도다.

114. 한 법도 볼 것이 없음이
　　　곧 여래이니
　　　바야흐로 이름하여
　　　관자재觀自在라 하노라.

115. 마치면 곧 업장이
　　　본래 공空함이요.
　　　마치지 못하면 응당히 모름지기
　　　묵은 빚을 갚아야 하리로다.

116. 굶다가 임금님 수라 만나도
　　　능히 먹을 수 없으니
　　　병들어 의왕醫王을 만난들
　　　어찌 나을 수 있으리오.

117. 욕망 속에서 참선을 행하는
지견知見의 힘이여
불 속에서 연꽃이 피니
마침내 무너지지 않음이로다.

118. 용시勇施 비구는 중죄를 범하고
남生이 없음을 깨달으니
일찍이 성불하여 지금에 있도다.

119. 사자후의 두려움 없는 설법이여
어리석은 완피달頑皮鞋을
몹시 슬퍼하도다.

120. 다만 중죄를 범하면 보리菩提에
     장애가 되는 줄만 알 뿐
     여래께서 열어놓은 비결은
     보지 못하도다.

121. 어떤 두 비구
     음행婬行과 살생殺生을 저지르니
     우바리 반딧불은
     죄를 결정지어 증가시키고

122. 유마대사維摩大士가
     단박에 의심을 없애줌이여,
     도리어 빛나는 해가
     서리와 눈을 녹이는 것과 같도다.

중도가

123. 부사의不思議한 해탈의 힘이여,
     묘한 작용 항하의 모래와 같아
     다함이 없도다.

124. 네 가지 공양四事供養을
     감히 수고롭다 사양하랴.
     만냥 황금이라도
     또한 녹일 수 있도다.

125. 뼈가 가루가 되고 몸이 부서져도
     족히 다 갚을 수 없으나
     한마디에 깨달으면
     백억을 초과하도다.

126. 법 가운데의 왕,
가장 높고 수승함이여,
항하사의 모래와 같이 많은 여래가
함께 증득했도다.

127. 내가 이제 이 여의주를 풀었으니
믿고 받는 자
모두 상응하리로다.

128. 요요了了하게 보면
한물건도 없음이여
또한 사람도 없고 부처도 없도다.

129. 대천세계는 바다 가운데 물거품이요.
　　　일체 성현은 번갯불이
　　　지나가는 것과 같도다.

130. 가령 무쇠바퀴를
　　　머리 위에서 돌릴지라도
　　　정혜가 원명圓明하여
　　　마침내 잃지 않음이로다.

131. 해가 가히 차갑게 되고
　　　달이 가히 뜨겁게 될지언정
　　　뭇 마구니가 참된 설법
　　　무너뜨릴 수 없음이로다.

132. 코끼리 수레를 끌고
     험난한 길을 나아가니
     누가 보겠는가,
     사마귀가 수레를 막는 것을

133. 큰 코끼리는
     토끼 길에서 노닐지 않고
     큰 깨달음은
     작은 절개에 구애되지 않나니.

134. 대롱같은 소견으로
     창창蒼蒼히 비방하지 말지니라.
     알지 못하기에 내가 지금
     그대를 위해 결단해주노라.

증도가 終

我

나 없는

자유

원 문

原 文

신 심 명

信心銘

僧璨大師

1. 至道無難　唯嫌揀擇　但莫憎愛　洞然明白

2. 毫釐有差　天地懸隔　欲得現前　莫存順逆

3. 違順相爭　是為心病　不識玄旨　徒勞念靜

4. 圓同太虛　無欠無餘　良由取捨　所以不如

5. 莫逐有緣　勿住空忍　一種平懷　泯然自盡

6. 止動歸止　止更彌動　唯滯兩邊　寧知一種

7. 一種不通　兩處失功　遣有沒有　從空背空

8. 多言多慮　轉不相應　絕言絕慮　無處不通

9. 歸根得旨　隨照失宗　須臾返照　勝卻前空

10. 前空轉變　皆由妄見　不用求真　唯須息見

11. 二見不住　愼勿追尋　纔有是非　紛然失心

12. 二由一有　一亦莫守　一心不生　萬法無咎　無咎無法　不生不心

13. 能隨境滅　境逐能沈　境由能境　能由境能

14. 欲知兩段　元是一空　一空同兩　齊含萬像　不見精麤　寧有偏黨

15. 大道體寬　無易無難　小見狐疑　轉急轉遲

16. 執之失度　心入邪路　放之自然　體無去住

17. 任性合道　逍遙絕惱　繫念乖眞　沈惛不好　不好勞神　何用疏親

18. 欲趣一乘　勿惡六塵　六塵不惡　還同正覺

19. 智者無爲　愚人自縛

20. 法無異法　妄自愛著　將心用心　豈非大錯

21. 迷生寂亂　悟無好惡　一切二邊　妄自斟酌

22. 夢幻空華　何勞把捉　得失是非　一時放卻

23. 眼若不眠　諸夢自除　心若不異　萬法一如

24. 一如體玄　兀爾忘緣　萬法齊觀　歸復自然　泯其所以　不可方比

25. 止動無動　動止無止　兩既不成　一何有爾

26. 究竟窮極　不存軌則　啟心平等　所作俱息

27. 狐疑盡淨　正信調直　一切不留　無可記憶

28. 虛明自然　不勞心力　非思量處　識情難測

29. 真如法界　無他無自　要急相應　唯言不二

30. 不二皆同　無不包容　十方智者　皆入此宗

31. 宗非促延　一念萬年　萬年一念　無在不在　十方目前

32. 極小同大　妄絕境界　極大同小　不見邊表

33. 有即是無　無即是有　若不如是　必不須守

34. 一即一切　一切即一　但能如是　何慮不畢

35. 信心不二　不二信心　言語道斷　非去來今

信心銘 終

증 도 가
證道歌

唐慎水沙門 永嘉玄覺撰

1. 君不見

2. 絕學無爲閒道人　不除妄想不求眞

3. 無明實性即佛性　幻化空身即法身

4. 法身覺了無一物　本源自性天眞佛

5. 五陰浮雲空去來　三毒水泡虛出沒

6. 證實相無人法　刹那滅卻阿鼻業

7. 若將妄語誑眾生　自招拔舌塵沙劫

8. 頓覺了如來禪　六度萬行體中圓

9. 夢裏明明有六趣　覺後空空無大千

10. 無罪福無損益　　寂滅性中莫問覓

11. 比來塵鏡未曾磨　　今日分明須剖析

12. 誰無念誰無生　　若實無生無不生

13. 喚取機關木人問　　求佛施功早晚成

14. 放四大莫把捉　　寂滅性中隨飲啄

15. 諸行無常一切空　　即是如來大圓覺

16. 決定說表眞僧　　有人不肯任情徵

17. 直截根源佛所印　　摘葉尋枝我不能

18. 摩尼珠人不識　　如來藏裏親收得

19. 六般神用空不空　　一顆圓光色非色

20. 淨五眼得五力　　唯證乃知難可測

21. 鏡裏看形見不難　　水中捉月爭拈得

22. 常獨行常獨步　　　達者同遊涅槃路

23. 調古神清風自高　　貌悴骨剛人不顧

24. 窮釋子口稱貧　　　實是身貧道不貧

25. 貧則身常披縷褐　　道則心藏無價珍

26. 無價珍用無盡　　　利物應機終不吝

27. 三身四智體中圓　　八解六通心地印

28. 上士一決一切了　　中下多聞多不信

29. 但自懷中解垢衣　　誰能向外誇精進

30. 從他謗任他非　　　把火燒天徒自疲

31. 我聞恰似飲甘露　　銷融頓入不思議

32. 觀惡言是功德　　　此即成吾善知識

33. 不因訕謗起冤親　　何表無生慈忍力

83

34. 宗亦通說亦通　　　定慧圓明不滯空

35. 非但我今獨達了　　　恒沙諸佛體皆同

36. 師子吼無畏說　　　百獸聞之皆腦裂

37. 香象奔波失卻威　　　天龍寂聽生欣悅

38. 遊江海涉山川　　　尋師訪道爲參禪

39. 自從認得曹谿路　　　了知生死不相關

40. 行亦禪坐亦禪　　　語默動靜體安然

41. 縱遇鋒刀常坦坦　　　假饒毒藥也閒閒

42. 我師得見然燈佛　　　多劫曾爲忍辱仙

43. 幾迴生幾迴死　　　生死悠悠無定止

44. 自從頓悟了無生　　　於諸榮辱何憂喜

45. 入深山住蘭若　　　岑崟幽邃長松下

46. 優游靜坐野僧家　　閒寂安居實蕭灑

47. 覺即了不施功　　一切有爲法不同

48. 住相布施生天福　　猶如仰箭射虛空

49. 勢力盡箭還墜　　招得來生不如意

50. 爭似無爲實相門　　一超直入如來地

51. 但得本莫愁末　　如淨琉璃含寶月

52. 既能解此如意珠　　自利利他終不竭

53. 江月照松風吹　　永夜清宵何所爲

54. 佛性戒珠心地印　　霧露雲霞體上衣

55. 降龍鉢解虎錫　　兩鈷金環鳴歷歷

56. 不是標形虛事持　　如來寶杖親蹤跡

57. 不求眞不斷妄　　了知二法空無相

58. 無相無空無不空　　即是如來眞實相

59. 心鏡明鑒無礙　　廓然瑩徹周沙界

60. 萬象森羅影現中　　一顆圓光非內外

61. 豁達空撥因果　　莽莽蕩蕩招殃禍

62. 棄有著空病亦然　　還如避溺而投火

63. 捨妄心取眞理　　取捨之心成巧僞

64. 學人不了用修行　　深成認賊將爲子

65. 損法財滅功德　　莫不由斯心意識

66. 是以禪門了卻心　　頓入無生知見力

67. 大丈夫秉慧劍　　般若鋒兮金剛焰

68. 非但空摧外道心　　早曾落卻天魔膽

69. 震法雷擊法鼓　　布慈雲兮灑甘露

70. 龍象蹴踏潤無邊　　三乘五性皆醒悟

71. 雪山肥膩更無雜　　純出醍醐我常納

72. 一性圓通一切性　　一法遍含一切法

73. 一月普現一切水　　一切水月一月攝

74. 諸佛法身入我性　　我性同共如來合

75. 一地具足一切地　　非色非心非行業

76. 彈指圓成八萬門　　刹那滅卻三祇劫

77. 一切數句非數句　　與吾靈覺何交涉

78. 不可毀不可讚　　體若虛空勿涯岸

79. 不離當處常湛然　　覓即知君不可見

80. 取不得捨不得　　不可得中只麼得

81. 默時說說時默　　大施門開無壅塞

82. 有人問我解何宗　　報道摩訶般若力

83. 或是或非人不識　　逆行順行天莫測

84. 吾早曾經多劫修　　不是等閒相誑惑

85. 建法幢立宗旨　　明明佛敕曹溪是

86. 第一迦葉首傳燈　　二十八代西天記

87. 法東流入此土　　菩提達磨爲初祖

88. 六代傳衣天下聞　　後人得道何窮數

89. 眞不立妄本空　　有無俱遣不空空

90. 二十空門元不著　　一性如來體自同

91. 心是根法是塵　　兩種猶如鏡上痕

92. 痕垢盡除光始現　　心法雙忘性即眞

93. 嗟末法惡時世　　眾生福薄難調制

94. 去聖遠兮邪見深　魔強法弱多恐害

95. 聞說如來頓教門　恨不滅除令瓦碎

96. 作在心殃在身　不須冤訴更尤人

97. 欲得不招無間業　莫謗如來正法輪

98. 旃檀林無雜樹　鬱密森沈師子住

99. 境靜林間獨自遊　走獸飛禽皆遠去

100. 師子兒眾隨後　三歲便能大哮吼

101. 若是野干逐法王　百年妖怪虛開口

102. 圓頓教勿人情　有疑不決直須爭

103. 不是山僧逞人我　修行恐落斷常坑

104. 非不非是不是　差之毫釐失千里

105. 是則龍女頓成佛　非則善星生陷墜

106. 吾早年來積學問　亦曾討疏尋經論

107. 分別名相不知休　入海算沙徒自困

108. 卻被如來苦訶責　數他珍寶有何益

109. 從來蹭蹬覺虛行　多年枉作風塵客

110. 種性邪錯知解　不達如來圓頓制

111. 二乘精進勿道心　外道聰明無智慧

112. 亦愚癡亦小騃　空拳指上生實解

113. 執指爲月枉施功　根境法中虛捏怪

114. 不見一法即如來　方得名爲觀自在

115. 了即業障本來空　未了應須還夙債

116. 饑逢王膳不能餐　病遇醫王爭得瘥

117. 在欲行禪知見力　火中生蓮終不壞

118. 勇施犯重悟無生　　早時成佛于今在

119. 師子吼無畏說　　深嗟懵懂頑皮靼

120. 秪知犯重障菩提　　不見如來開祕訣

121. 有二比丘犯婬殺　　波離螢光增罪結

122. 維摩大士頓除疑　　猶如赫日銷霜雪

123. 不思議解脫力　　妙用恒沙也無極

124. 四事供養敢辭勞　　萬兩黃金亦銷得

125. 粉骨碎身未足酬　　一句了然超百億

126. 法中王最高勝　　恒沙如來同共證

127. 我今解此如意珠　　信受之者皆相應

128. 了了見無一物　　亦無人亦無佛

129. 大千沙界海中漚　　一切聖賢如電拂

130. 假使鐵輪頂上旋　　定慧圓明終不失

131. 日可冷月可熱　　眾魔不能壞眞說

132. 象駕崢嶸謾進途　　誰見螳蜋能拒轍

133. 大象不遊於兔徑　　大悟不拘於小節

134. 莫將管見謗蒼蒼　　未了吾今爲君訣

永嘉證道歌　終

92

如

둘이
아니다

대해大海스님

現 대한불교 조계종 국제선원 선원장
現 사단법인 '영화로 세상을 아름답게' 이사장

저서 : 생명의 연출, 완전한 삶을 사는 길(근간),
　　　　창조론과 진화론(근간), 장애인교육원론(근간) 外 다수

역서 : 대방광불 화엄경(60권) 금강반야바라밀경,
　　　　금강경 혜능 해, 육조단경, 능엄경(10권)
　　　　원각경, 대승기신론, 중론, 증도가, 신심명 外 다수

감수 : 화엄장, 청정생활, 색즉시공 공즉시색 外 다수

주요작품 : 대방광불 논리회로(2013), 부동심(2013),
(영　화) 소크라테스의 유언(2012), 아기도 아는걸(2012),
　　　　이해가 되어야 살이 빠진다(2011), 무엇이 진짜 나인가(2010),
　　　　본질의 시나리오(2008), 색즉시공 공즉시색(2007) 外 다수

수상경력 :
2012. 11. 제18회 리히텐슈타인 Videograndprix영화제에서
　　　　〈소크라테스의 유언〉으로 大賞인 Goldener Spaten상
　　　　수상 등 각국 영화제에서 30여회 수상
2013. 9. UNESCO 산하 UNICA(세계비상업영화인연맹) 공로상 수상

주소 : 서울시 강남구 도곡 2동 456번지 | 경북 경산시 대동 160-6번지
Website : www.mwbtf.org / www.daehaesa.org
e.mail : daehaesnim@gmail.com
www.//facebook.com/daehae.snim

신 심 명 · 증 도 가

© 유영의

초판 1쇄 발행 2010년 10월 20일
초판 2쇄 발행 2014년 02월 20일

번　　역 | 대 해
펴 낸 곳 | Gran Sabiduria
　　　　　서울 강남구 논현로26길 40　우)135−855
　　　　　전화 02−573−4055 | Fax 02−578−4055
전자우편 | g_sabiduria@naver.com

ISBN　978−89−94056−96−8　03220

10,000원

이 도서의 국립중앙도서관 출판시도서목록(CIP)은 서지정보유통지원시스템 홈페이지
(http://seoji.nl.go.kr)와 국가자료공동목록시스템 (http://www.nl.go.kr/kolisnet)
에서 이용하실 수 있습니다. (CIP제어번호: CIP2014004606)